선과 21세기

선과 21세기

석원연 지음

들꽃누리

　선을 공부하다 보면 속세와는 너무 동떨어져 있는 게 아닌가 하는 느낌을 갖게 된다. 시중에 나도는 선에 관한 책이나 그에 대한 해석도 일반인들에게는 난해한 경우가 허다하다.

　선은 특정한 사람들의 전유물이 아니며 모든 인류가 지향해야 할 목적지인 것이다. 그러므로 누구에게나 쉽게 읽히고 공감될 수 있는 선지식이 담긴 책이 필요하다고 여겨 감히 붓을 들었다.

　이 책이 선이 무엇일까와 선의 본질에 대해 궁금해하는 이들에게 조금이나마 보탬이 되고 쉽게 이해하게 되는 계기가 된다면 빈승으로서는 더할 나위 없이 기쁜 일일 것이다.

　없는 글 솜씨로 호기를 부려 보았으나 부족한 점이 많으니 너그러운 마음으로 이해하여 주기 바랄 뿐이다.

새천년에 지은이 씀

차 례

선禪

선에 대해서라면 말하는 사람도 많고 들을 기회도 많다.

혹자는 "선은 우리 인간이 가야 할 길이며 행해야 할 바이다"라고 말하고, 또 "파멸로 치닫고 있는 인류를 구제하는 길은 선밖에 없다"라고도 한다. 이런 말을 듣고 있노라면 당장에라도 선을 행하지 않으면 인류는 파멸할 것 같은 생각이 들어 마음이 다급해진다.

그러나 만에 하나 이 말이 사실이라면 우리 인

류는 생각하지 않으면 안 된다.

　선이 아니면 인류를 구제할 길이 참으로 없는 것인가?

　그렇다면 선이란 도대체 무엇인가?

　어떻게 해야 선을 만날 수 있고 알 수 있는 것인가?

　그러나 막상 선에 대해 떠드는 이들의 말 속에서는 만족할 만한 답변을 기대하기 어렵다.

　갑자기 출처가 애매한 선시禪詩 한 구절 읊어대거나, 작대기 하나 쳐들고 이것이다라고 고함을 치기 일쑤이기 때문이다.

　그럴 때마다 우리들은 오히려 그러한 것에 심오한 의미가 깃들어 있는 것으로 착각한다. 그 속에 선이 있고, 진리가 있고, 신비한 인생살이가 스며 있는 것같이 느끼기 때문이다. 또 어리석게도 '내가 수행이 안 되어 그 세계에 다다르지 못했구나' 하며 자괴한다.

선의 세계를 대변하는 말 중에 신심탈락身心脫落과 법희선열法喜禪悅이 있다.

신심탈락이란 육신은 지치고 시달려서 힘들지만 마음은 욕망과 고뇌로부터 벗어나 자유자재한 무심의 경계에 들어감을 의미한다.

법희선열이란 욕망에 집착하여 번뇌하다가 거기에서 벗어나 자유자재한 무심의 경계에 들어가면서 몸과 마음이 쾌락과 진리의 환희에 가득 참을 말한다.

이러한 세계가 선에 있다고 하니까, 사람들은 너도 나도 하고 싶다고 생각은 하나 현실적으로 너무 어렵고 여건이 맞지 않다고들 한다.

그러면 선이 참으로 이러한 세계인지는 한번 생각해 볼 필요가 있다.

선 자체는 이렇게 신비한 세계를 부정한다. 선은 욕망의 지배로부터 벗어나는 방법을 추구하기 때문이다. 이상의 세계, 신비의 세계, 그러한 세계가 실제로 있다면 두말할 나위 없이 당장에 찾아나서야 할 것이다.

하지만 그와 같은 세계는 실제로 존재하지 않으며 인간들이 만들어 낸 환상에 불과할 뿐이다.

선의 주된 골자는 욕망을 벗어 버리고 자기의 본질에 영원히 귀의하는 것으로 불교는 이것을 주장하는 종교라 할 수 있다.

불교에서는 특히 "욕망의 지배로부터 벗어나라"고 가르치며 그 실천의 일환으로 고된 수행을 요구한다.

그러나 이 모든 것을 알면서도 헤어나지 못하는 이유는 내 속이 욕망으로 꽉 차 있기 때문이다.

선의 세계란 어떤 신비의 세계가 아니다. 그런데 왜 신심탈락이니 법희선열이니 하는 말이 선의 언어에 속해 있는가? 이는 선 수행을 하는 과정에 있어서 자기가 일찍이 경험하지 못했던 현상이 마음속으로부터 일어나는데, 그것이 곧 희열감으로 나타나기 때문이다.

바꾸어 말하면 사람들은 누구나 스스로에 대한 불안감을 지닌 채 현실 속에서 살아가므로 그것을 타파할 일념으로 용맹스럽게 정진을 하다 보면, 어

느 시점에 이르러서는 삼라만상이 고요 적적해지는, 몸과 마음이 공중에 뜬 것 같은 희열에 젖고, 세상이 온통 내 것인 양 느껴지며, 하늘을 나는 듯한 기분이 된다.

그러나 이는 참선을 해 본 사람이면 누구나 느

끼는 순간적인 현상일 뿐이다. 그것이야말로 선의 참 모습이라고 생각하는 사람들이 가끔 있지만 그런 것이 선이 갖는 참 목적은 절대 아니다.

선이란 자아에 대한 집착으로부터 벗어나 절학무위(絶學無爲 : 철저하게 얽어 맨 인식화 된 업의 집착에서 벗어남)하여 아무것에도 걸림 없는 대자유인에 이르는 것이다.

즉 신심이 탈락한다든가 희열에 넘치는 것 같은 현상은 수행하는 과정에서 순간순간 나타나는 마음의 변화일 뿐이다. 어떤 면에서는 지금까지 자신을 무겁게 누르며 지배해 왔던 억압으로부터 벗어나 상상하지도 못했던 세계가 열리며 황홀감을 느낄지는 모르지만, 실제의 그 세계에는 아침에 일어나 저녁에 잠자는, 그리워하고 슬퍼하는 그러한 자기의 모습이 있을 뿐이다. 그러한 중에도 다름이 있다면 잔잔한 웃음으로 세상을 바라보는 여유를 가질 수 있다는 것이다.

그러나 그 또한 어느 것 하나 어긋남 없이 우주 법칙에 따라 질서정연하게 움직이고 있다.

그 안에서 헛되이 고민하고 있는 자기의 모습을 발견하는 것뿐이다.

이러한 것을 신심탈락이나 법희선열이라고 표현하지만 실제의 그 세계는 담담해서 매일같이 일상 생활을 반복하고 있는 나의 모습과 더불어 실다운 너의 모습, 그와 더불어 존재하는 세상의 모습만이 존재한다.

그러므로 선 자체는 어떠한 신비의 세계를 구상해 놓은 것이 아니라는 점을 명심해야 한다.

이와 같이 인간 본연의 순수한 모습으로 돌아갈 수 있는 방법이 있다는 것은, 인류사에 있어 가장 가치 있는 일 중의 하나가 아닌가 하는 생각이 든다.

인간들은 물질문명의 발달로 인하여 욕망과 가식화 된 형상에만 길들여져 왔다. 이러한 가식을 내던지고 자기의 본질을 꿰뚫어 보도록 하는 방법으로는 현실에서는 선이 으뜸이라 할 수 있지 않을까!

거기에서 인간의 본래 모습, '하늘과 땅 사이에 오직 돈독하게 나 홀로 존재하고 있는 모습'인 참으로 차별 없는 나의 모습을 찾는 것이다.

욕망과 고뇌에 집착하며 살면서도 자기의 본성으로 돌아갈 수 있는 길을 갈구한다는 점에서 인간은 둘도 없는 위대한 존재라 할 수 있다.

선을 이야기할 때 흔히 서양의 이성관과 동양의 무위사상을 많이 비교한다. 이는 다른 말로 동적인 문화와 정적인 문화로 표현한다.

일각에서는 선을 정적인 문화의 대표격으로 여기는 사람들이 있는데, 이는 잘못된 생각이다. 선이란 이 동과 정을 모두 포용하는 데 진정한 가치가 있는 것이다.

지금까지 선이라 하면 산 속에 들어가 좌선하는 것으로만 인식되어 왔기 때문에 "정적인 문화이다", "정서적이다"라고들 하지만, 산 속의 나무 흔들리는 소리에만 파묻혀 있을 때, 그 선은 죽은 선이며, 병풍 속의 호랑이로밖에 취급될 수 없다.

선이란 근본적으로 편중된 생각을 여과시켜 주는 역할을 한다는 데 큰 의미를 부여한다.

서양의 이성관과 동양의 무위사상을 중도로 여과시키는 방편으로 선이 필요한 것이다.

현실에 있어 편중된 정신사와 물질주의에 한 가닥 희망을 주며 그 둘을 승화시킬 수 있는 방법으로 인간들이 구상해 낸 논리가 바로 선이다. 그런

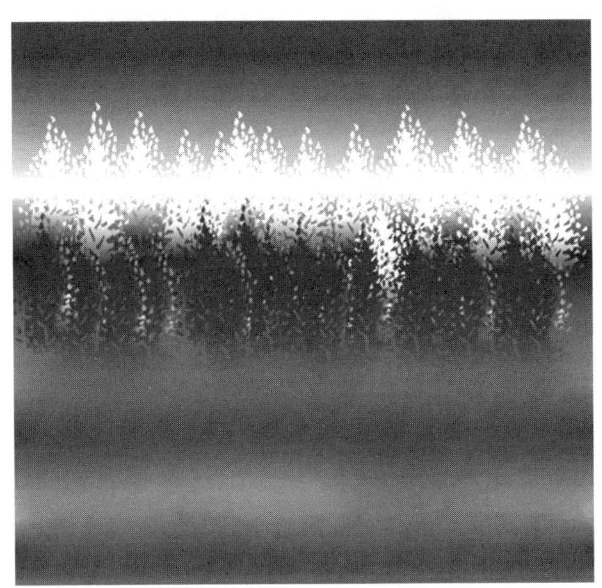

데 그 선이라는 것을 산 속으로만 끌고 들어간다
면 무슨 의미가 있겠는가? 산 속의 자연은 선이
없어노 우주 법칙에 거스르지 않는다. 그렇다고
그 자연에 영합하는 것이 우리들이 말하는 선은
아니다.

선이란 자연 그대로가 아니라 자연과의 합일을
말하는 것이다. 자연을 인위적으로 조작하여 자신
들의 본질을 상실시킨 사바세계의 인간들에게 꼭
필요한 것이다.

그렇기 때문에 자연과는 동떨어져 있고 욕망에만 오염된 인간들을 본래의 모습으로 여과시켜 주는 가장 좋은 처방이라 할 수 있다.

신·이성·과학·불성·선 등은 인류 정신사에 많은 공헌을 해 왔다. 여기서 이들은 제각기 동일성을 내포하며 형성되어 왔다. 그렇지만 그 운명의 갈림길에서는 인간을 파멸로 이끌어 가는 종교나 사상이 있고, 그것의 본질을 찾아주고자 노력하는 종교나 사상도 있다.

선의 역할

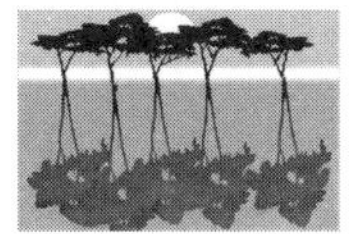

　우리는 인류의 역사를 주로 50만 년으로 잡는다. 그 중에 인간의 의식이 동물과 다르게 나타나기 시작한 것은 20만 년 전부터로 산주하고 있다.

　구석기 시대와 신석기 시대를 거치면서 우리 조상들은 드디어 자연을 생활에 이용할 줄 알게 되었는데, 철의 사용법을 고안해 낸 것이 그것이다.

　철을 사용하게 된 이후 근대까지 5천 년 동안 인류는 엄청난 변화를 거쳤다. 그 동안에 백 배가 넘는 50만 년의 인류사보다 훨씬 더 많은 변화를 인간에게 안겨다 준 것이다.

순수하게 자연을 이용하는 것으로 만족하던 인간이 점점 그 욕심이 극에 달하면서 자신들의 생활 터전인 자연마저 침범하며 파괴하는 현실에 이른 것이다. 스스로 화를 자초하는 일이 아닐 수 없다.

인간은 우주라는 대자연에 그 뿌리를 두고 있다. 자신들의 본질인 자연을 파괴하고 병들게 하고 있을 때 거기에 뿌리를 둔 인간은 어떻게 되는 것인가?

인간들에게 불안과 초조의 현상이 나타난 것은 모두가 자연을 파괴하고 이용하는 지식이 발달하면서부터 이다.

요사이 가끔 볼 수 있는 것 중의 하나가 생각하는 개나 돼지를 조각한 조각품이다. 미륵반가사유상을 흉내냈는지 아니면 로댕의 생각하는 사람을 흉내냈는지 모르지만, 개나 돼지도 고뇌하는 세상이 도래한 것이다.

그러면 고뇌하는 인간의 모습이 나타나기 시작

한 것은 언제부터인가?

인간에게 지식이라는 욕망의 부산물이 발달하면서부터 이다.

불교에서 무명無明을 왜 죄로 여기느냐 하면, 출발하는 시점부터 욕망에 그 목적을 두고 있기 때문이다.

지금부터 2500년 전에 이미 인간의 지식이 극치에 다다라 있었다. 석가가 그렇고, 공자가 그렇고,

소크라테스가 그렇고, 예수가 그랬다. 지금까지도 우리 삶의 중심적 사상이 되고 있는 깨침이니, 인의예지니, 이성이니, 신이니 하는 말들이 이미 그 시대의 사회에도 만연했으며, 이러한 사상 체계를 확립시켜 놓은 사람들도 모두 그 시대 사람들이다.

또한 이러한 것들이 기초가 되어서 발달할 수 있었던 것이 현대의 과학문명이다. 그런데 어찌된 일인지 물질문명이 발달하면 할수록 인간들의 괴로움도 늘어간다는 게 부사의할 뿐이다.

행복을 위해 모두가 힘들게 노력하지만, 생활이 편리하고 풍부해질수록 행복은 멀어지고 자기의 삶하고 관계없는 남을 탓하게 되며 자신에게 필요한 것 이외의 것에 대한 소유욕으로 괴로워한다.

부처님이 나타나고 공자가 나타나고 소크라테스가 나타나고 예수가 나타났는데도, 동화 속에서나 그리던 달나라까지 갔다 오는 지금 사람들은 왜 행복하지 못한 것인가?

과학이 그렇고 정신 문화가 그렇듯이 지금 서구를 중심으로 발달한 인류 문화가 거의 이와 같이

이율배반적이다.

우리 동양 사상적 입장에서는 이는 "이성석 욕망만 발달시킨 데서 온 병폐이다"라고 하며, "현재 서구의 욕망 철학으로부터 인류를 탈출시켜 파멸에서 구할 수 있는 길이 바로 선이다"라고 말한다.

그렇다고 선이라는 것이 근래에 새로 생긴 것도 아니다. 2500년 전 부처님의 탄생으로부터 현재에 이르기까지 불교와 함께 선도 같이 성장해 온 것이다.

그 동안에 기라성 같은 선사들도 많이 나왔고, 개중에는 부처님의 깨침에 버금갈 수 있는 제자들도 수없이 나왔다. 그런데 왜 선이 인류 구제에 앞장서지 못하고 서양의 욕망 철학에 끌려 다니는 시녀 노릇만 하고 있는 걸까?

상황이 이렇다고 서양 철학만 탓할 게 못된다. 선이 참으로 필요한 것이고, 인류를 구하는 절대적인 방편이라면 2500년 동안 인류와 같이 해 온 선에도 책임을 묻지 않을 수 없는 것이다.

산 속에 들어가 두문불출하며 선시나 읊으며 유유자적하는 것이 선의 목적은 아니다. 그런 것은 새나 짐승 같은 미물들도 할 수 있다.

불교에서 무상을 이야기하니까, 세상이 무상해져서 산 속으로 숨어 들어가 허송세월 하는 집단이라면 거들떠볼 일도 없다. 그리고 세상에 나와 앞뒤 맞지 않는 선시나 읊으면서 오체투지(예배)나 받는 것도 그럴 듯하다.

그러나 선으로 인류를 구제한다든가 중생을 제

도한다고 나설 적엔 그 번지수를 어디다 두어야 할지 자명한 일이다.

선이 필요한 곳은 현실이다. 즉 선은 시장의 난장판과 희로애락이 난무하는 저잣거리에 필요하다.

불교에서는 인간들의 소유욕으로 꽉 들어찬 의식 작용이 세상을 온통 뒤덮고 있다고 보고 있다.

올바른 삶을 위해 승려의 길을 택한 빈승 역시 돌이켜 보니 말로는 "순수하게 살라. 인생의 본질은 이런 것이다" 하고 떠들면서 내심 '이렇게 하면 망신을 당하는 것이 아닌가? 실수를 한 게 아닐까?' 하며 겉모양에 치중하여 허세를 부리는 심리가 강하게 작용했음을 시인한다.

그것이 점점 나의 본질인 양 착각이 일어나고, 나중에는 나의 내면적 세계의 의식으로 변질되어 가면서 마침내 나의 일부로 변화되고 말았던 것이다.

그러면서 나는 또 말한다.

"무소유다."

청정한 척하고, 욕심 없는 척하고, 결백한 척하며 남이 그렇게 보아 주기를 은근히 바랐던 것이다. 그러면서 누가 나의 행동에 조금이라도 비방을 하면 곧 눈을 휘둥그렇게 뜨고 큰 소리를 치며 나를 정당화시키기 위한 변명이나 늘어놓기 일쑤였다.

이러한 현상은 모두 어디로부터 오는 것인가?

자기에게 부여된 한계를 넘어서 그 이외의 것에 대한 갈망으로부터 오는 것이다. 즉 주어진 자기 모습 그대로 열심히 살아가지 못하고 그 이상의 것을 갖고 자신을 포장하려는 욕망으로부터 길들여진 본능 때문이다.

그러므로 보는 소유욕이 자신노 보르는 사이에 본능적인 욕망이 되어 나타나고 있는 것이다.

이와 같이 자기의 능력과 한계를 넘어섰을 때 욕심이라고 표현하고, 그 때문에 괴로움이 있는 것이다.

결국은 다 내놓고, 다 버리고 가는 것을.

진실로 우리들에게 필요한 것은 무엇인가?

먹는 것, 자는 것, 성이다. 이 세 가지를 불교에서는 3대 본능이라고 해서 벗어나야 한다고 가르친다. 그러나 인간이 살아가기 위해서 이 3대 본능은 절대적으로 필요할 뿐만 아니라 그런 만큼 이 3대 본능에서 벗어날 수 없다. 그러므로 이 본능으로부터 벗어나라고 하면 이 3대 본능에 욕자를 하나 더 붙인다. 그러면 식욕, 수면욕, 성욕이 된다.

즉 "이 3대 본능의 욕심으로부터 벗어나라" 하는 것이다.

"욕심을 버려라" 하는 것도 이것을 말한다. 자기가 존재하기 위하여 실질적으로 소유해야 될 것 이외의 것을 욕심이라고 표현하는 것이다.

3대 본능의 욕심에 대해 이야기하려 한다.

먼저 식욕을 살펴보자.

우리들은 먹지 않으면 죽는다. 그래서 참으라고 하는 것은 죽으라는 말이다.

정신병자가 세상이 무상하다는 생각으로 먹지 않고 스스로 죽음을 선택하는 등의 행동은 몰라도

우리들이 살기 위해서는 먹지 않고는 안 된다.

여기에서 욕심을 부린다 하는 것은 그냥 먹어서 신체만 유지시키면 될 터인데, 그것만으로는 만족하지 못하고 더 편안하고 더 맛있는 것을 찾게 된다는 말이다.

싫어한다는 게 벌써 욕심을 나타내는 말이다. 보리밥보다는 쌀밥이 좋고, 나물국보다는 고깃국이 좋다.

그래도 여기까지는 좋다. 아무리 잘 먹어도 하루 세 끼만 먹으면 대개는 더 이상 먹지 못한다. 그런데 사람의 심리는 묘하여 가진 사람들이 끼니도 제대로 잇지 못하는 사람의 것까지 빼앗아서 창고에 쌓아놓고 싶어한다. 이것은 너나 할 것 없이 모두가 그렇다. 그리고 성이 안 차면 또다시 괴로워한다.

수면욕이라는 것도 그렇다.

이 수면욕이라는 게 꼭 잠자는 것을 이야기하는 것도 아니다. 게으름도 포함하여 말하는 것으로 편해지고 싶은 욕망이다.

나라는 존재가 하나 살아가기 위해서 필요한 만큼의 노동은 스스로 책임져야 한다. 그런데 그것을 회피하고 빈둥빈둥 놀면서 편하게만 살려고 한다. 생존하기 위해서 필요한 만큼의 공급품조차도 자기가 움직여서 얻고자 하지 않고 남을 이용해 편하게 공급받으려고 하니까, 거기서부터 인간의 평등이 깨지는 것이다.

이는 우리들이 참으로 훌륭한 사람이 되어서 힘없고 불쌍한 사람을 도와 주겠다는 생각보다는 출세해서 남을 부리며 떵떵거리며 살아보겠다는 의식이 더 강한 데서 비롯된다. 이렇게 해서 자기는 부와 권력을 누리며 편안하게 살면서 남의 봉사나 받으려는 것, 그것이 바로 수면욕이 갖는 의미이다.

성욕性慾, 이는 어떠한 생물이든지 종족을 보존하기 위해서는 반드시 필요로 하는 행위이다.

그런데 성性에 욕慾자가 붙는 것은, 오직 자기에게 한정된 종족의 보존만을 위해서 활동하는 것이 아니고 그 이상의 것에 집착하는 형태를 포함해서 말하기 때문이다.

자기에게 짝이 된 아내라든가 남편에게 만족하지 못하고 다른 예쁜 여자나 멋진 남자를 보면 그 또한 차지하고 싶은 욕망이 솟아난다. 그것은 분에 넘친 행위이다.

그뿐인가? 옛날의 가부장제였던 사회에서 많이 볼 수 있었던 현상을 생각해 보자. 자기 짝으로 아내를 하나 정해 놓으면 그 여자하고만 살아야 할 터인데, 더 젊고 예쁜 여자, 좀 색다른 여자가 있으면 이 여자 저 여자 가릴 것 없이 소유하고자 기웃거린다. 그러면서 자기가 소유한 여자는 다른 남자에게 가지 못하게 힘이나 사회 제도로 막아 놓는다.

이 얼마나 무서운 사회적 폐단인가! 자신의 욕망만 채우는 것이 아니라 남의 인생까지도 지배하고 싶은 욕망의 실태이다.

궁전의 내시들을 예로 들어 보자.

왕의 권력으로 젊고 예쁜 여자들을 다 집합시켜 놓고 혹시나 그 여자들과 정을 통할까 불안하여 멀쩡한 남자들을 내시로 만들어 놓고서야 비로소 안심하는, 이야말로 소름끼치는 인간 욕망의 극치가 아닐까.

이러한 성에 대한 욕망이 인간들의 의식 작용을 지배하면서 거기에 길들여져 왔던 것이다.

그래서 "존재하는 모든 것은 성욕으로 시작하여 성욕으로 끝난다" 하고 주장하는 학문도 생긴 것이다.

　지금까지 살펴본 3대 욕망의 작용이 현재 인간 문화의 정신과 물질을 구성시켜 놓은 것이다.

　이와 같은 논리가 참으로 맞는다면 현재 우리에게 필요한 것은 무엇일까? 욕망으로 물든 우리들의 정신사는 앞으로도 계속 끝없는 욕망으로 자라기 때문에 만족할 줄 모르며 한없이 그것을 충족

시키기 위해서 달려만 갈 것이다.

결과는 자명한 것이다. 이 지구의 파멸은 눈앞에 성큼 다가오게 되는 것이다.

이와 같이 파멸로 치닫고 있는 인간이 오직 그 파멸에서 살아남을 수 있는 길은 선밖에 없다고 주장하는 것이다.

왜 선인가?

신도 있고, 교육도 있고, 과학도 있고, 지도자도 있고, 돈(물질)도 있는데….

그러나 이러한 것은 모두 우리 인간들이 자신의 행복을 위해서 이룩해 놓은 욕망의 부산물에 불과하다.

신이란 인간이 가지고 있는 욕망의 결정체이다. 욕망이 신을 낳고, 신이 이성을 키웠으며, 그 이성이 또 신을 정당화시키는 데 많은 노력을 했다. 현재 우리를 둘러싸고 있는 물질세계도 이성적 욕망의 결정체인 것이다.

그렇다면 이것을 어떻게 해결해야 하는가가 선결 과제이다.

과연 선만이 이것을 해결할 수 있는가? 다른 방법은 정말 없는 것인가? 한번 짚고 넘어가 보자.

첫째로 교육을 들 수 있다.

아주 좋은 착상이다. 하지만 사회 교육이란 어느 민족이나 거의 다 국가 단체 이념 아래의 교육을 말한다. 이것은 욕망으로 뭉쳐진 단체가 그 이익을 추구하고 유지시키기 위해 교육이란 방법을 사용하면서 지금에 이르른 것이다. 그러므로 사회 교육 제도에는 희망을 걸 수 없다.

둘째로 이성적 인간관을 들 수 있다.

현실에서 모든 것은 이성으로 통한다.

"세계는 로마로 통한다"고 하는 말이 있듯이 인간적인 인간관을 내세울 적에는 이 이성적 인간관을 빼놓을 수 없다.

그러나 실은 우리 인류를 이렇게 파멸이라는 말

까지 나오도록 만들어 놓은 것은 주범이 바로 이 성적인 인간들인 것이다.

하나의 무명에서 시작하여 오류를 거듭하며 욕망으로 길들여져 하나의 체계를 이루어 놓은 것이 이 이성이라는 것이다.

이성이 범한 첫번째 범죄는 가상의 신을 내세워 놓고 그것이 참으로 있는 것인 양 인간의 심리를 이용해 속박시킨 데 있다. 그 결과 인간은 권력을 가진 간사한 무리의 이용물로 전락되었던 것이다.

셋째로 과학을 들 수 있다.

여기에는 한 가닥 희망이 없는 것이 아니다. 지금까지는 이성적 인간들이 요구하는 물질문명의 앞잡이 노릇밖에 아니 했지만, 그것이 점점 발전하다 보니까 이성의 말마저 듣지 않는 반항기에 접어든 것이다. 그리하여 점점 본질의 모양에 가깝게 접근하고 있다.

진화론이 그렇고 유전학이 그렇다. 이제 하나 남은 것은 영혼의 본질이다. 광파나 전자파를 연구

하면서 물질 이외의 작용에 대해서도 상당한 진전을 보이고 있다.

하지만 아직도 풀지 못하고 있는 것이 있다. 우리 인간들이 지니고 있는 그 영혼이라고 하는 의식이 어떻게 형성되고 어떻게 작용하며 어디로 흘러가는가 이다. 따라서 우리들에게 남은 과제는 그것을 과학적으로 입증하는 것이다.

그것은 아마도 불교가 지금까지 주장해 왔던 유

식의 논리일지도 모른다. 그런데 두려운 것은 이성
에 길들여진 위험한 인간들이 이를 어떻게 처리할
까 하는 문제이다.

　넷째로 선의 역할을 들 수 있다.

　선 수행이야말로 무명에서 파생된 욕망으로 채
워진 인간성을 여과시킬 수 있는 역할을 할 수 있
다고 본다. 굳이 선이 아니어도 좋지만 무엇인가가
이 역할을 하지 않으면 인류는 스스로 파멸하고
말 것이다. 선이 가지는 의미는 욕망만 추구하는
인간의 갈구욕渴求慾을 순수한 본연의 모습으로 여
과시키는 것이다.

　현재의 문화가 절름발이 문화로서 파멸을 자초
한다고 해서 모두 잘라 버리고 새로운 문화의 나
무를 심자고 주장하는 게 결코 아니다. 한쪽 다리
가 없으면 없는 한쪽 다리를 맞추어 끼우고, 나무
둥치의 뿌리가 밖으로 드러나면 그 뿌리를 흙으로
북돋워 다시 새 생명을 찾도록 하자는 것이다.

　꽃이 예쁘다고 해서 꽃만 따자는 것이 아니다.

또한 열매가 맛있다고 해서 열매만 따먹자는 것도 아니다. 고운 꽃도 구경하고 열매도 따먹어야 하지만 무엇보다 필요한 것은 나무가 잘 자랄 수 있도록 돌보아야 한다는 것이다. 뿐만 아니라 본질을 파악해서 뿌리도 썩지 않도록 잘 가꾸어 키우자는 게 선이 현대 인류에게 필요로 하는 역할이다.

이로써 자기들의 이익에만 편중하고 집착하며 우주를 파멸시키면서까지 욕망을 채우려고 하는 인류를 선을 통해 본연의 모습으로 회복시키고자 하는 것이다.

선어

선사들의 설법이나 선어를 일러 어떤 이는 "번갯불에 콩 구워 먹는 것 같다"고 표현한다. 이는 전광석화電光石火와 같이 기백이 있다는 뜻도 포함되지만, 도무지 앞뒤 분간이 되지 않아 얼떨떨하다는 말도 된다. 그러나 알고 보면 아무것도 아닌 것이다. 조주가 남전에게 물었다.

"도란 무엇입니까?"

"평상심平常心이니라."

　이를 두고 왈가왈부하는 사람들이 많다. 언어 자체가 물음에 대한 해답을 주는 듯한 인상을 주기 때문이다.

　"선에는 특별할 것도 신비할 것도 없다. 너의 하루하루의 모든 생활이 그대로 도니라."

　거의 모든 사람들이 이렇게 해석하고 있다. 이

는 단지 글의 뜻만 생각한다면 틀림없는 답이라고 할 수 있다. 그러나 조주와 남전의 대화는 이러한 해석을 요구했던 것이 아니다. 선사들의 대화는 어떠한 해답이나 결론을 요구하는 것이 아니라 깨달음의 과정일 뿐인 것이다. 따라서 인식하고 있는 논리에 대한 해답을 요구하는 게 아니라 인식의 논리를 벗어난 본질에 대한 깨침의 계기를 만들어 주기 위한 작용에 지나지 않는다.

요사이는 선을 연구하는 학자들이 참 많이 있다. 그들은 동서양의 역사와 철학에 능통해서 청산유수로 유머까지 섞어가며 선어에 대해 재미있게 가르친다. 그러면 일반 청중이나 독자들은 흥미를 느껴 멀게만 생각되던 선어들이 귀에 쏙쏙 들어오게 된다. 이는 참으로 바람직한 일이다. 그러나 안타까운 것은 그 내용이 참 본질에 어느 정도 접근해 있느냐 하는 것이다.

현재 세계에는 많은 성현들의 진리의 말씀도 산더미같이 쌓여 있고, 철학이나 과학이 발달하여 인간들의 삶의 논리적 정의도 거의가 완성되었다고 볼 수 있다. 그런데 왜 새삼스럽게 선을 이야기하고 본질을 들먹이지 않으면 안 되는가.

불교에는 무명이라는 게 있다. 무명이 혹해서 일어난 게 업이다. 업의 실체는 욕망이고, 우리는 욕망에 길들여져 왔다. 그것을 우리는 자아의 존재성이라고 믿고 있지만 그것에는 실체가 없고 채워지지 않는 허망함만이 존재한다. 이것이 곧 본질에서 벗어난 증거이다.

우리들이 자아라고 주장하는 이유는 바로 뿌리 없이 길들여 놓은 집합체인 인식 때문이다. 그래서 우리들은 생각하는 동물이 되었고, 또 나의 뿌리를 찾고 싶어한다. 그러므로 본질에 바르게 가도록 잘 이끌어 주어야 하는 게 지도자들의 책임이다.

"도란 무엇입니까?"
"평상심이니라."

이 말은, 도란 네가 평소에 지니고 있는 마음이라는 설명을 해 주기 위한 답이 아니다. 물어오는 상대에 따라 그들이 집착하고 있는 잘못된 의식을 부수기 위한 방편일 따름이다. 이것이 다른 종교나 철학과는 달리 불교가 갖는 참 모습이며 선이 갖는 특색이다.

선어는 해석이 아니라 잘못된 의식을 바로잡는 수단일 따름이다. 그 결과로 우주 법칙 속에 한치의 어긋남 없는 질서가 보이고, 있는 그대로의 자신이 보이는 것이다.

선어는 해석이 아니라 고정된 의식을 무너뜨리는 수단과 방법이다.

그 뭉쳐진 의식 덩어리가 부서지면 자기의 실체가 보인다. 질서정연하게 우주의 법칙에 한치도 어긋남이 없이 자연 실체 그대로 인 자아가 보인다.

『임제록』을 보면 이런 말이 나온다.

"적육단상유일무위진인 赤肉團上有一無位眞人"

(붉은 살덩이에 위 없는 참 사람이 하나 있다.)

　여기서 문제가 되는 것은 '적육단(붉은 살덩이)'
이다. 붉은 살덩이는 모든 지위와 신분에서 벗어
나 자아의 일체 인식에서 벗어남을 가리키는 말
이다. 즉 인식과 업의 옷을 훨훨 벗어버린 상태
를 말한다.

　"의식의 노예가 되어 있는 인식의 옷을 훨훨 벗
어버리고 지위에 걸림이 없는 참다운 사람이 있
다"라고 임제는 부르짖었다. 여기서 하나라는 말은

개개인이 가지고 있는 자아를 가리킴과 동시에 우주의 실체, 평등한 모양을 가리킨다.

덕산이라면 『금강경』의 일화로 유명한 스님이다.

당대에 당신만큼 『금강경』에 정통한 스님은 없다고 자부하던 차에 중국의 남방에서 문자를 내세우지 않고도 바로 마음을 들어내는 종문宗門이 있다는 소문을 듣고 '경 구절 하나 해석 못하는 자들이 무슨 마음을 이야기하고 깨침을 논한단 말인가. 내가 나서야겠구나'라고 생각하고 『금강경』 해석본을 걸망 속에 넣고 자만에 가득 차 남방으로 길을 떠났다.

하루는 어느 저잣거리를 지나다가 떡 장사 노파가 보이길래 마침 점심때도 되었고 배도 출출하여 요기나 할까 하고 노파 앞에 앉으며 말했다.

"떡 좀 주시오."

노파가 물었다.

"스님! 그 등뒤에 잔뜩 짊어진 무거운 짐은 무엇입니까?"

"이것은 『금강경』이라고 하는 유명한 책인데 내가 그 글을 해석하고 소를 달은 것이오."

스님은 의기양양하여 대답했다.

"그렇다면 『금강경』에 대해서 한 구절 여쭈어보아도 되겠습니까?"

"아, 그러시오."

"제 물음에 대답을 하시면 이 떡을 그냥 드셔도 좋지만 만일 대답을 못하시면 이 떡은 안 팔겠습니다."

『금강경』에 대해서만큼은 자신이 있는 덕산인지라 '별난 노파도 다 있네'라고 생각하면서 말했다.

"그러시오."

"『금강경』에 '과거의 마음으로도 가히 얻을 수 없고, 미래의 마음으로도 가히 얻을 수 없고, 현재의 마음으로도 가히 얻을 수 없다'라는 말씀이 있는데, 스님이 지금 떡을 잡수시려고 하는 마음은 어떠한 마음입니까?"

덕산은 갑자기 눈앞이 캄캄해지며 말문이 막혔다. 큰 충격을 받은 것이다. 『금강경』이라면 해석

에서 소까지 청산에 물 흐르듯 막히는 게 없었는
데 현성공안에 부딪치니까 노파의 말 한 마디에도
꽉 막히고 만 것이다. 순간 덕산은 노파가 보통
사람이 아닌 것을 깨달았다.

"어디로 가야 됩니까?"
덕산이 물었다.
"저 산 너머 용담을 찾아가거라."
노파는 사라졌다.

덕산은 순간 앞뒤가 꽉 막혀 선에서 말하는 은
산 철벽 상태가 되고 만 것이다. 그 잘하는『금강
경』해석자가 노파의 질문에 대답을 못하였으니
오죽 답답하였겠는가. 당시의 덕산은『금강경』에
대해서는 자기가 최고의 권위자라는 자만심에 가
득 차 있었을 뿐만 아니라 진리나 깨침에 대해서
도 자기를 능가할 만한 사람은 이 세상에는 없다
고 생각하고 있었던 것이다.
그러나 그것은 어디까지나 생각으로 자아낸 논
리적인 지식뿐이었던 것이다. 그것이 현성공안에

부딪치니까 꽉 막히고 말을 잊어버린 것이다.

그 후 덕산은 용담을 찾아갔다. 저녁 늦게 용담을·찾아뵙고 인사를 드리고 나오는데 밖이 캄캄해 사방을 분간할 수가 없었다. 용담이 물었다.

"무엇을 하고 있느냐?"

"어두워서 분별을 할 수 없습니다."

용담이 종이 초에다 불을 붙여서 덕산에게 건네
주었다. 덕산이 그 종이 초를 받는 순간 용담이
혹 - 불어서 꺼 버렸다. 순간 덕산은 크게 깨쳤다
한다.

깨침이라고 하는 것은 자기 의식 속의 갈구와
분별심으로부터 벗어난 것이다. 그 이튿날 덕산은
"석가 달마도 별 것 아니구나" 하고 애지중지 하던
『금강경소』를 다 불살라 버리고 말았다.
이와 같이 선어의 문답에는 오직 문을 열고 닫
는 방법이 있을 뿐 해답이 있는 게 아니다.

좌선

　이제부터는 좌선(坐禪 : 선의 방법론)에 대해 살펴보고자 한다.

　좌선이라고 하면 글자 그대로 앉아서 하는 선을 의미한다. 그리고 대개의 선은 좌선을 의미하고 있다. 이것이 틀리느냐 하면 꼭 그렇지는 않다. 그러나 조금 의미를 달리하는 점은 있다.

　따라서 선을 하는 방법으로 좌선이라는 행위가 들어갈 수는 있어도 선의 전부가 될 수는 없다. 선을 하려면 좌선부터 시작해야 되는 게 기초같이 되어 있다.

일반적으로 좌선을 해야만 선에 다다를 수 있는 지름길로 여긴다. 그래서 좌선을 떠나서는 선을 수행할 수 없다고 할 정도로 좌선을 중요시한다.

좌선은 어떻게 하는 것인가?

말 그대로 앉아서 하는 것이다. 그렇다면 행선行禪도 있고, 입선立禪도 있고, 와선臥禪도 있는데, 왜 좌선만 앞에 내세우는가? 이것도 또한 선을 하는 방법으로서는 다름이 없지만, 좌선이라고 하면 누워서 게으르지 않고, 서 있거나 걸어다녀서 산란하지 않고, 고요히 앉아 자기의 정념을 가다듬기에는 제일 적합한 자세이기 때문이다.

선이란 일체 행하는〔행주좌와어묵동정(行住坐臥語默動靜)〕 가운데 몸을 편안히 하고 자연스럽게 하여 마음을 바로잡고 관찰할 수 있으면 되는 것이다. 그러므로 굳이 선 도량이 아니더라도 어느 곳 어떠한 상황에서도 자기가 일념으로 선에만 전념할 수

있으면 그곳이 바로 선 도량이 된다.

그렇긴 하지만 이것은 하나의 이론에 불과하다. 선이란 그렇게 쉽게 되는 게 아니다. 그래서 가족도 재산도 나라까지도 버리고 출가를 하게 되는 것이다. 그러한 행위는 선을 수행하기 위한 환경을 찾는 것이지 염세주의자들처럼 은둔이라든가 사회를 회피하기 위한 수단으로써 선택하는 것이 아니다. 어느 한편으로 그러한 게 있다고 하여도 그곳에 선이 있을 적에는 그 선의 길에 인도되기 위한 인연을 만든 것이므로, 오히려 자기를 다시 태어나게 하는 큰 동기가 된다.

좌란 앉는 행동을 말한다. 안정을 해서 정지하고 정착함을 의미한다. 그런데 선을 하는 것은 몸뚱이만 앉혀 놓고 정착시키는 데 의미가 있는 게 아니라 마음을 안착시키는 데 더 큰 의미를 둔다.

이때 몸과 마음을 하나로 모으고 마음과 몸뚱이를 하나로 만드는 데에는 호흡이 큰 역할을 한다. 그래서 몸, 호흡, 마음의 세 가지가 조화를 이루며 안정을 찾을 때 좌라 말하게 된다.

그러므로 좌란 몸뚱이를 안착시키는 데 목적이 있는 게 아니라 산란한 마음을 안착시키는 데 목적이 있다.

그래서 몸뚱이를 바르게 하여 움직이지 않게 하고, 마음도 한 군데로 모아 산란하지 않게 하고, 호흡도 고르게 하여 안정되었을 때 좌선이라는 자세가 이루어진다.

선이 갖는 정적인 문화에 있어서 최고로 취급되는 이유는 좌선의 모양에 있다. 정적인 모양을 논할 때 안정된 자세로 정신을 모아 사색하는 것, 이 이상의 방법은 없을 것이다. 그러나 여기서 이야기하고자 하는 것은 선의 실체는 정靜 속에 있는 것이 아니라는 것이다.

어느 면에서 보면 동적으로 분주한 자기를 정적으로 안정시키려는 방법으로써 선의 역할을 찾는 것도 나쁘지는 않지만, 이것은 취미로 하는 스포츠처럼 사회가 기호로써 찾는 선을 의미하는 것이 아니다. 선이 모양을 갖춘다면 동과 정이 융화된 모양이어야 한다. 그러므로 선이 좌선을 주장하는

데, 꼭 이에 의미를 두지 않고 몸의 행태, 즉 서거나 앉거나 걷거나 눕거나에 관계없이 선이 행해질 때 선을 한다고 말할 수 있다.

좌선을 이야기할 때 한결같다, 즉 일여一如라는 말이 따라 붙는 것은 그 자세, 즉 앉거나 서거나 눕거나 언제나 한결같아서 변함없는 모양, 즉 일여한 모양이기 때문이다.

선의 흐름을 보면 선이란 본래 인도에서 시작된 명상법에 가까운 수행법인 선나禪那를 음역한 것인데, 뜻을 "고요하게 갖는다"라고 해석해서 한자로 정려靜慮라 번역했다. 그리고 '선禪'이라 해서 일반적으로 통한다.

이에 선나라 하면 정신을 통일시키는 원인을 만든다는 의미로서 좌선이라 하고, 좌선을 함으로써 몸과 호흡과 마음을 하나로 뭉쳐 안정시키는 모양을 갖추게 된다.

이렇게 해서 완전히 안정된 상태, 즉 몸과 호흡과 마음이 통일을 이루었을 때 '정定'이라 일컫게 된다. 그래서 선을 가리켜 선정이라 한다.

보통 삼매라는 말을 자주 쓴다. 이 삼매라는 뜻이 선정禪定의 정에 해당된다. 이 정의 의미를 중국의 천태에서는 지止라고 번역했다. 지의 뜻이 정의 의미를 해석하는 말이 되고, 삼매의 의미가 된다. 그러므로 여기서 지止의 의미를 갖고 정에 대한 뜻을 전달하고자 한다.

지란, 마음에 상대하는 형상을 가지고 번잡하게 일어나며 분별하는 것을 쉬고, 고요히 멈추는 것을 의미한다. 여기에 절대적으로 멈추어진 상태를 마하지관摩訶止觀이라고 표현한다.

헤아려 생각하는 모든 것, 모든 번뇌, 모든 업, 모든 결과를 끊으며, 모든 가르침이나 모든 관觀, 모든 증득마저 끊는 것을 말한다. 그래서 이 지의 멈추어진 힘에 의해서 선정의 형태가 이루어지고, 그 에너지가 뚫고 나갈 때 깨침이 열리는 것이다.

이와 같이 모든 것이 끊어져서 멈춘 상태, 그것을 지止라 하고, 그 모양은 선정의 정定에 이르는 상태가 된다.

여기서 유의해야 할 점은 지(止 : 멈추다, 끊이다)라

고 하는 것이 그냥 무조건 멈추고, 가로막고, 끊고, 배척하는 것을 의미하는 것이 아니라는 것이다. 모든 것을 다 받아들여서 멈춘 곳, 그 이상 사량분별을 일으키지 않고 끊어져서 멈추어 있는 곳을 의미해서 선정의 정定이라 정의한다.

우리들의 욕망으로 길든 인식의 업만 멈추는 것이 아니다. 삼라만상의 모든 모양을 다 받아서 멈춘다. 그리고 거기서부터 또다시 욕망의 인식에 의하여 길든 업의식이 다시는 발동하지 않는 정점에 이른 상태, 즉 "지止에 이르면 그것을 삼매라 하고, 정定에 들어갔다"라고 말한다.

그러한 삼매의 세계, 즉 모든 것을 다 모아 뭉쳐진 힘의 정定, 그 에너지가 움직여 나올 적에 지금까지 자기를 구속하고 통제해 왔던 인식으로부터 벗어나 순수한 본래 모습의 세계가 나타나는 것이다. 그러한 본질의 입장에서 볼 적에 "관한다" 하고 말한다.

이 관觀이라는 말은 본다는 것을 뜻하는데, 이때 어느 입장에서 보느냐 하는 것이 중요하다. 눈에 비치는 형상만 가지고 그저 빨갛고 파랗고 노랗게 보느냐, 자기의 주관적인 입장에서 보느냐, 너와 나의 공동체적 입장에서 보느냐, 우주의 절대적 입장에서 보느냐에 따라서 그 결과는 다르게 마련이다.

우주의 정적에 들어가 실상의 입장에서 볼 적에 관한다고 표현한다. 『반야심경』도 이러한 세계관에 입각해서 읽거나 보거나 생각하거나 하지 않고는 그 뜻을 이해할 수 없다.

이러한 상태에서 나오는 모든 실체는 혜가 된다.

반야라는 말은 지혜를 뜻하는데, 이 반야의 지혜라는 것도 절대 지止의 입장에서 우주의 본질(철학에서는 직관이라는 말로 표현한다)이 자기와 둘이 아님을 보아 판단하고 생각할 적에 자연적으로 형성되어 움직여 행하는 모양이 지혜이다.

그러므로 지혜란, 열심히 배우고 외우고 짜내서 나오는 생각이나 구상이 아니라 그저 순수한 본질의 입장에서 스스로 자연스럽게 나타나는 형상이 그대로 자연과 함께 조화를 이루는 것을 말한다. 이것이 이루어졌을 때 "깨쳤다, 깨친 사람이다" 하는 자연의 본질 속에서 자기의 모양을 찾은 자의 행동이 나오게 마련이다.

선의 목적이 정혜원명定慧圓明이라고 말하는 것도, 정은 반드시 혜를 발하고, 혜는 반드시 정을 기초로 하기 때문이다. 그래서 정과 혜가 하나로 뭉쳐진 형태를 원명이라 해서 "밝고 둥글게 나타난다" 하고 표현한다.

육조 혜능 대사가 "지혜를 가지고 비추어 보니〔관조(觀照)〕, 취할 것도 없고 버릴 것도 없는 일체 법이 곧 견성성불인 도가 이루어졌느니라" 하고 말씀하신 것도 이 입장을 나타낸 말이다.

여기까지는 선의 형상을 말한 것밖에 안 된다.

여기서 정신을 통일한다고 하는데 "그 통일은 어떻게 해야 하는가? 그냥 끊든지 하나로 뭉치기만 하면 되는가?" 하는 문제에 대해서 한번 생각할 필요가 있다.

선을 이야기할 때는 방법상 간화선, 묵조선, 염불선의 세 가지를 대표적으로 꼽는다.

이 외에도 여러 가지 단어가 있지만 번잡하므로 여기서는 다루지 않겠다.

간화선

화話란 화두의 준말이다. 화두란 공안, 고칙을 의미하는 말이기도 하다.

글자 그대로 말의 머리, 즉 모든 것을 하나로 집중한 것을 의미한다. 여기서 모든 것이라고 하면 자기 인생의 모든 것 또한 우주의 모든 것이 되어야 한다.

"나란 무엇이냐?" 하는 의심은 나와 우주의 모든 것을 한 낱말 속에 함축시킨 것을 말한다.

"너는 누구냐?" 하고 물었을 때 대답이 쉽게 나오지 않고 이해가 안 간다면 그것은 나의 설명 부족과 본인의 경험 부족이라고 생각할 수밖에 없다.

한번도 먹어 보지 못한 음식을 설명만 듣고는 그 참 맛을 알 수 없듯이, 자기 인생에 대해서도 자기가 직접 그 실다운 세계를 체험하지 않고는 좀처럼 자기 것이 되어서 돌아오지 않는다.

그래서 여기서 문제로 삼는 것이 이 체험이라는 것이다. 실은 체험이라는 것도 우리가 매일같이 하고 있는 것이다. 살아가는 게 모두 자기 인생이요, 선이요, 자기의 실다운 체험이기 때문이다.

그런데 그 하나하나의 체험이 허상에 뿌리를 둔 자기 중심적인 욕심에 집착하면서 헤매는 것이라면 그 속에서 참 자기가 무엇인지 종잡을 수 없게 되고마는 모양이다. 불교에서는 이러한 모양이 팔만 사천 가지나 된다.

이렇게 많은 가짓수 속에서 인간은 이것 저것을 구별한다. 그뿐 아니다. 오늘과 내일이 다른 변덕의 반복이다.

이러한 것을 모두 메주 덩어리 뭉치듯이 하나로 똘똘 뭉친다. 생각이라든가, 분별하는 마음이라든

가, 인생이니 존재니 하는 자기 인생 전부를 하나도 뭉쳐서 그 머리를 움겨삽아 뚫고 들어가는 세 화두이다.

이때 뚫고 들어가는 힘이 무엇이냐 하면 의심 덩어리이다. 이 의심 덩어리가 얼마만큼의 에너지를 만들어서 발산하느냐에 따라서 자기 인생을 해결하는 정념情念이 강하게 나타나느냐 하는 결정이 된다.

의심 덩어리란 의심에서 의심을 더한 상태를 말한다.

"나란 무엇이냐?" 하고 의심을 한다. 거기서 더욱 "나란 무엇이냐?" 하고 의심하는 주체인 "나는 또한 무엇이냐?" 하고 의심에 의심을 거듭해 들어갈 적에 나 뿐만 아니라 너도 그렇고, 또 그 건너 너도 그렇고 하여 천하의 모든 것이 알 수 없게 되어 "무엇이냐? 무엇이냐? 무엇이냐?" 하면서 의심 덩어리로 변한다.

이것은 누가 주는 것이 아니다. 부처님이 주는 것도, 스승이 주는 것도 아니다. 오직 스스로의 노력에 달렸다.

자기 속에 형성되어 있는 에너지를 더욱 개발하고 형성시켜서 깨우고 집중시켜서 뭉치는 것이다. 그 에너지를 강하게 살려서 인생의 숙제를 뚫고 나갈 수 있는 힘을 축적시키는 데는 화두를 가지고 의심해 가는 게 제일 좋은 방법이라고 보는 것이다.

"나란 무엇이냐?" 하는 의문이 얼마나 강하게

일어나느냐에 따라서 자기 인생을 해결할 수 있는 에너지가 어느 정도인가, 즉 강함과 약함을 측정할 수 있게 된다. 그러므로 자기의 인생에 관해서 큰 의심을 가지면 가지는 만큼 의심도 강해져서, 정신을 하나로 통일시켜 뚫고 들어가는 힘도 강하게 나타나게 마련이다.

이와 같은 화두의 방법은 부처님 당시부터 있었던 것은 아니다. 부처님이 진리를 깨친 것은 간화선의 방법과는 조금 다르다. 삶에 대해서 의심을 안 가진 것은 아니지만, 의심보다는 관법에 더 가깝다. 그래서 명상이니 사색이니 하고 찾게 된다. 묵조선이 주장하는 수행법이 이에 가깝기는 하지만 다름이 있다면 혹심한 고행으로써 자기 몸뚱이에 쓰라린 고통을 주면서 그것에 의해서 모든 사량분별을 끊으며 생로병사에 시달려 괴로워하는 인생의 무상함을 관한 것과 일체의 사량분별을 끊고 오직 조용히 앉는 것이 그것이다.

부처님이 깨침에 이르고 그 진리를 설하면서부터는 모든 사량 분별을 끊고 생로병사의 무상함과 더불어 연기법의 실체를 꿰뚫어 보았다. 이와 같은 선정에 들어가서 "깨친다, 또는 진리를 본다"고 하게 되는데, 이와 같은 수행 방법은 석가모니와 같이 커다란 근기가 있는 사람이라면 몰라도 일반적으로는 힘들다. 따라서 일반적으로 조금 약하다고 보아 간화선의 방법이 형성된 것이다.

왜냐하면 모든 것을 다 끊고 실체를 관한다는 것은, 어느 면에서는 편함과 안일에 빠져서 해태해지거나 정신적인 추구력이 약해지면서 게으름에 빠질 수 있기 때문이다.

여기서 게을러지지 않고 인생을 해결하겠다는 분심을 축적하며 에너지를 더 강하게 발휘할 수 있는 수단으로써 의단(疑團 : 의심 덩어리)이라는 것은 하나의 말머리에 자기 인생의 모든 것을 객관적으로 싣고 의심해 들어가는 것이다.

어느 승려가 조주에게 물었다.

"개에게도 불성이 있습니까?"

이것은 『열반경』에 "일체 중생은 다 불성이 있다"라고 말한 것을 토대로 하여 승려가 조주에게

질문한 것이다. 그러자 조주는 대답했다.

"무(無 : 없다)."

이 대답은 『열반경』에서 나타나고 있는 말과는
전혀 다른 것이다. 그러면 둘 중의 하나는 잘못된
것이 아닐까?

그러나 화두에 있어서는 그런 게 전혀 문제가

되지 않는다. 누가 틀리고 맞느냐 하는 것은 자기 인생과는 아무런 관계가 없기 때문이다. 조주가 대답한 뜻을 알았으면 그것으로써 족하다.

어느 승려와 조주의 문답은 물음에 대답하고 뜻을 해석하고자 한 것이 아니다. 이 의미는, 즉 선어의 문답은 물음의 뜻에 따라 대답하는 것이 아니라 자기 인생의 의심을 푸는 도구로 사용될 뿐이기 때문에 의심이 풀어지면 그만인 것이다. 하지만 의심을 해결 못했을 때에는 그때부터 "무〔없다〕"라고 내뱉은 그 말 한 마디가 일생 일대의 숙제가 되는 것이다.

이렇게 말의 첫머리를 휘어잡아서 의심을 품고 뚫고 들어가는 게 간화선에서 주장하는 화두법이다.

대개 이러한 방법은 조주의 무자화두無子話頭와 같이 선종의 조사들이 말한 설법이나 사제간의 문답 가운데서 찾아내어 자기 인생의 목표로 삼는 것이다.

또한 이 화두를 공안이라고도 하는데, 여기에 간

看이라고 본다는 말의 뜻을 붙여서, 고인의 공안을 간하는 참선 수행법이라고 해서 간화선이라는 말이 나오게 된 것이다.

본래 중국의 송대에 조동종의 굉지정각이 묵조선을 내세우자, 임제종의 대혜종고 등이 묵조선을 비판하고 선의 평등일여한 경지에 도달할 수 있는 제일 좋은 방법은 화두를 들고 좌선하는 방법이라고 주장한 데서부터 간화선이라는 말이 나오게 되었다. 간화선은 일명 임제선이라고도 한다. 우리나라의 참선 방법은 거의가 임제의 간화선 중심으로 되어 있다.

화두를 공안이라고도 하는데, 공안이란 공평하고 정당하게 틀림없는 법의 문서 아래 국가의 원수가 정사를 보는 것을 의미한다. 그리하여 일체의 사된 감정이나 잘못된 편견이 없으므로 그 정한 법대로 준수해야 하며, 만일 이를 어기면 처벌하는 것이 공부公俯의 안독案牘이다.

이러한 의미에서 예부터 선종의 조사들이 정한 법문을 공안이라 했다. 즉 "만인이 다 통하는 불역

不易의 법문으로서 때에 응하고 기機에 촉하여 자유자재로 제시하는 공법이다" 하는 뜻이다. 그래서 일명 칙則이라고도 한다.

참선하는 사람들을 위한 공정公定의 법칙, 즉 고덕들이 인정한 이법理法이란 의미에서 공公이고, 그 이법에 따라 정진 참선하면 반드시 선지禪旨에 이를 수 있다는 데서 안案이라고 하여 공정하게 틀림없이 안내한다는 뜻이 된다.

이 공안은 부처님 때부터 시작된 것은 아니다. 세존염화라는 공안은 있지만, 사실은 서기 526년 달마가 동토에 오면서부터 쓰여지기 시작했다고 한다.

달마와 양무제의 대화가 공안으로 채택되어 확연무성이라는 공안이 나왔으며, 2조 혜가와 달마의 문답이 공안으로 쓰여졌던 것이다.

그러나 이 공안이 구체화되기 시작한 것은 임제 선사의 스승인 황벽 선사 때부터 이다. 이때부터 간화선과 묵조선이 갈래를 달리하기 시작했다고 보는 것이 당연하다. 그 전에는 간화선이나 묵조선

의 구별이 없었다. 그렇다고 묵조선이 전혀 공안을 쓰지 않은 것도 아니다. 간화선과 같이 화두 일변도로 의심만으로 돈독히 추구해 들어가는 게 아니고 일체의 사량분별을 끊고 진리를 관하는 방법 중에서 관觀하는 방법만 가지고 의심 일변도로 들어가는 것을 채택했던 것이다. 의심이 강하면 강할수록 일부러 사량분별을 끊지 아니 하여도 그냥 끊어지는 것이다. 그리하여 진리를 깊이 사색하여 일념으로 뚫고 들어가던 관법觀法을 바꾸어서 의심 일변도로 맹진해서 들어가는 방법으로 변화된 것이다.

그래서 의심에 의심을 더해서 끝없이 추구하다 보면 그 의심에서 벗어날 때가 있다. 이때를 "견성見性했다", 또는 "깨쳤다" 하고 말하게 되는 것이다.

어느 것이 참으로 참선법인가?

꼭 이것만이 절대라는 법은 없다. 그러나 간화선이 재래적인 선의 방법보다는 좀 개선된 상태라는 것만은 말할 수 있다.

묵조선

선禪, 선나禪那, 선정禪定은 같은 의미로 수행 방법을 말한다. 이것은 부처님이 처음 수장해 낸 것은 아니다. 요가 5000년사를 말하듯이, 대자연의 운기運氣를 몸에 순환시키면서 일체의 번잡함을 쉬고, 고요히 사색하며 인생의 본질을 추구해 가는 명상의 수행법으로 고대 인도의 설산에서 이미 발달되어 있었다. 그러므로 부처님 당시에 이미 선이 요가를 통해서 존재하고 있었다.

명상과 선의 다른 점은 무엇인가?

명상이란 자기의 인생이나 진리에 대해서 조용히 생각하며 골똘히 추구해 가는 것, 그렇게 사색하는 것이다.

선이란 다음과 같이 두 가지로 말할 수 있다.

"첫째, 생각이 일어나는 것을 끊고 고요히 본질을 관하는 것이다."

"둘째, 여러 가지 일어나는 생각을 하나로 뭉쳐서 통일시키는 것이다."

이 두 방법에는 차이점이 있다. 첫번째 방법을 묵조선이라고 할 것 같으면 두 번째 것은 간화선의 형태라고 할 수 있다.

부처님 자신도 간화선과 같이 어떠한 화두를 가지고 선을 시작했던 게 아니다. 생로병사와 같은 인생의 괴로움에서 벗어나는 길은 고행으로만 가능하다는 일념으로 자기 신체에 의식적으로 고통을 주어 번잡하게 일어나는 번뇌를 끊고 생로병사의 본질을 알려고 노력했던 것이다.

이열치열이라고 했듯이 고통스러운 인생에 고통을 더 가함으로써 그로부터 벗어나 괴로운 삶을 해결하려고 노력했던 것이다.

그리하여 고요하고 고요해서 적멸寂滅의 상태까지 이르자 거기서 한 줄기 솟아오르는 광명이 있었다.

생로병사의 본질, 이론적으로 말하자면 고집멸도苦集滅道의 연기법이다.

부처님은 깨치고 난 다음에 고행은 본질을 깨치는 데 있어서 무익한 수행 방법이라고 설하였지만, 번잡하게 일어나는 모든 생각을 끊고 고요하고 고요해서 적멸이라고 할 수 있는 상태에 이르기까지는 그냥 생각만 끊는다고 해서 되는 것은 아니다. 육체가 극심한 고통에서 벗어나 아주 편안한 상태가 되고 정신도 함께 고요해서 극치에 이를 수 있었던 데는 고행의 힘도 컸다고 본다.

이는 마치 바닷물이 잔잔해져 한점도 흐트러짐 없는 곳에 밝은 달이 두둥실 떠올라 그 속에 비친 것과 같은 상태, 즉 선정禪定에 든 상태라 할 수 있다.

불교에는 교외별전이라고 해서 가르치고 배워서 실천하는 것 이외에 모든 생각을 끊고 묵묵히 앉아서 본질을 꿰뚫어 깨친 자들만의 이심전심으로 전하는 수행 방법이 있다. 이것이 선, 곧 좌선법이다.

이것을 조금 더 구체화시킨 것이 천태의 지관법(止觀法 : 산란하게 일어나는 모든 번뇌를 그치는 것이 지이고, 고요하고 맑은 슬기로서 만법을 비추어 보는 것이 관임)이다. 그 방법에 있어서는 모든 사량분별인, 생로병사·무상·진리·연기법·본질 등 모든 생각을 끊고 또 끊는 것이다. 그리고 나중에는 그 본다는 생각마서도 끊시 않으면 안 되는 것이다. 그리고 만물의 본질을 본다.

수식관數息觀이라고 하는 말이 있다. 이것은 모든 생각이 일어나는 것을 끊고 고요한 상태에서 자기 몸 속에 들어왔다 나갔다 하는 호흡만 관하고 있는 상태이다.

그러다 보면 그 호흡이 단순한 호흡이 되는 게

아니라 우주 전체의 실상이 되어서 자기 몸뚱이 속으로 드나드는 것이다. 물론 이 상태는 모든 생각이 끊어지고 마음이 고요해진 상태이다. 그래서 그 모든 생각이 끊어진 적멸의 상태 속에서 한 줄기 서광이 나타난다. 그곳에서 바라보는 세상이 있다.

즉 지금까지 자기에게 무명으로부터 시작되어 헛된 것에 탐착하면서 자기화 되었던 모든 인식들의 지배에서 벗어나 적나라한 자기의 실상을 가지고 세상을 바라보게 되는 것이다. 이러한 상태를 "깨쳐서 한결같이 되었다" 하고 말하는 것이다.

이와 같은 수행 방법이 임제 선사에 이르기까지는 자연스럽게 이루어져 공안이라는, 즉 자기 인생 문제를 직접 제자들에게 건네 주어 풀도록 하는 방법은 없었다. 제자가 의문 나는 점이 있어서 물어오면 그에 대해 일러 줄 따름이었다. 이것을 임제종의 대혜 선사가 묵조선의 폐해를 주장하면서 간화선과 묵조선이 확실히 갈려져 이론화 되기에 이르른 것이다.

그래서 간화선이 나오기 전까지의 수행 방법은 거의가 묵조선의 수행 형태였다. 그 방법이 조금 개선된 것이 간화선이라고 할 수 있다.

염불선

염불이라는 것은 말 그대로 부처님을 생각하며 기도하는 것을 말한다. 여기에 선禪자가 붙는 것은 수행을 의미하기 때문이다. 우리들이 간곡하게 바람을 가지고 염불하는 것도 실은 자기 수행이다.

자식을 위하고 부모를 위하고 남편이나 아내를 위해서 하는 기도라 할지라도 그 기도가 간절하면 간절한 만큼 자기 일념이 되고, 정신통일이 되어서 자기 수행화하는 것이다. 그래서 열심히 염불을 외게 되면 염불 삼매에 들어가게 되고, 그것이 선 수

행 방법과 직결되는 것이다. 이는 묵조선의 방법과 가깝다.

이 염불에도 간화염불이라는 것이 따라 붙는다. 이 말은 다 같이 염불을 한다고 하여도 그냥 염원만 가지고 부처님 명호를 부르는 게 아니라 지금 현재 염불하고 있는 당사자, 즉 나라는 실체에 의심점을 두고 의심해 들어가는 것을 의미한다.

"지금 염불하고 있는 나는 무엇인가?", "지금 원願을 발發하고 있는 나란 무엇인가?"라고 염불과 동시에 자기 인생 전체에 대해서 "무엇인가?"라고 강한 의심을 품으면서 부처님에게 물으며 들어가는 것이다.

"관세음보살님! 지금 염불을 하고 있는 나란 어떠한 존재입니까? 그것을 가르쳐 주십시오" 하고 부처님이나 보살님에게 간절히 기원을 하고 있는 자기 인생의 괴로움에 대해서 알려달라고 부탁하며 매달리는 것이다.

이렇게 기도를 하다 보면 자기 본질에 이르게 되고, 마침내는 깨침을 이루게 되는 것이다. 그런

데 염불을 하는 사람은 많은데 깨쳤다고 하는 사
람이 적은 것은, 염불이라는 그 자체가 거의 염원
에서 끝나 버리기 때문이다.

수행 과정

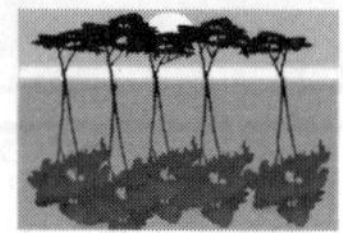

부처님이 성불하기 전에 숱한 마군이의 시달림을 받는 모습의 그림이나 그러한 내용을 담고 있는 설화가 많이 있다.

이는 부처님뿐만이 아니다. 사람마다 제각기 그 형상이 다르기는 하지만, 기도를 하든 선을 하든 조금이라도 마음을 가다듬고 열심히 수행을 하다 보면 여러 가지 불가사의한 현상들이 나타난다.

예를 들면 잠에 빠졌는지 삼매에 들어갔는지 알 수 없는 상태에서 지그시 눈을 감고 있노라면 어

띤 사림의 형싱이 띠오르며 그 사람이 가지고 있
는 생각을 읽을 수 있다.

　다음에 그 사람을 만나 "당신 이런 생각을 하고
있군요?" 하고 말하면 상대방은 깜짝 놀라며 "어
떻게 그것을 알았습니까?" 하며 참선을 하더니 타
심통他心通이라도 얻은 줄 알고 존경하는 마음을 품
게 된다.

또 다른 예로 열심히 기도를 하고 있는 중에 고향집이 불에 훨훨 타오르는 환상이 눈앞을 스쳐간다. 그래 고향집에 전화를 걸어 보면 정말로 집에 불이 나서 타고 있다고 말한다.

사람을 만나서 아무 생각 없이 상대방에 대해서 몇 마디 툭 던지면 상대방은 그 말이 꼭 맞다고 한다. 또한 밤에 꿈을 꾸고 난 다음 날, 지난밤의 꿈과 똑 같은 현상이 일어난다.

이러한 현상들에 대해 잘못 생각하면 수행이 잘 되어서 일어나는 줄로 착각할 뿐만 아니라 이것으로 수행이 다 된 것으로 여긴다. 그래서 수행을 중단하게 된다. 그러나 이것은 그때의 일시적인 현상이다. 만약 그러한 현상에 떨어져 머물게 되면 한낱 점쟁이로 전락하게 된다.

그러면 어떻게 해야 할까?

그러한 현상을 신기하다고 좇아갈 필요도 없고 구태여 끊으려고 할 필요도 없다. 그건 그대로 놔두고 자기가 하는 기도나 수행만 묵묵히 용맹심을 더 내어 계속하다 보면 그 일어났던 현상들은 어

느 때인가 모두 사라지고 만다. 그래서 자기의 수
행이 어느 경지에 이르러 힘을 얻게 되었을 때, 그
러한 현상들이 그대로 다시 살아나 본질 속에서

변화해 가는 사바세계의 현실임을 알게 된다.

어쨌든 이렇게 신비한 현상이 자기도 놀랄 정도로 일어나는 단계를 지나면 이번에는 아주 고요하고 적막한 세계에 빠져든다. 그 고요하고 편안함을 잘못 해석하면 "내가 지금까지 노력한 대가가 이루어졌구나", 또는 "성취되었구나" 하며 수행에 태만해지는 수가 있다.

그러나 이것은 망상보다도 더 나쁜 무기공(無記空 : 선도 악도 아닌 상태, 즉 게으르고 나태해진 상태)에 떨어진 것이다.

그러므로 여기에서는 편안하게 되었다고 하여서 그냥 편안함에만 빠지면 안 된다. 그 고요하고 편안한 상태에서 정진하는 힘을 내면 낸 만큼 수행의 힘은 더 뚜렷하고 강하게 일어난다.

이러한 단계가 지나면 이번에는 자기가 무엇을 하고 있는지, 공연히 헛되게 세월만 보내고 있는 것은 아닌가 하여 불안이 엄습해 오기 시작한다. 전에는 무슨 환상이라도 나타나더니 그런 것도 없어지고, 무엇인가 와 닿는 감각조차 없으니까 불안하고 초조해지면서 답답하고 무료하여 정신적인 방황이 시작된다.

그래서 "나는 어쩌란 말입니까?" 하고 소리치게 될 때도 이때이다. 그러면서 무엇인가 마음에 와 닿는 느낌을 갖기 시작한다.

이와 더불어 매일같이 무엇을 깨닫는 것 같은 느낌을 받는다. 또한 말이나 글도 거침없이 잘 나온다. 그러면 자기가 견성이라도 해서 모든 일을 끝맺은 것 같은 착각을 일으키기도 한다. 그래서 자기대로 인생이나 수행의 방법을 결정짓는다.

이럴 때가 제일 위험하다. 왜냐하면 불법이 별도로 있고, 깨친 세계가 별도로 있는 것으로 생각을 굳히며, 자기가 모든 것을 다 알고, 자기의 행동만은 걸림이 없고 무애인(無碍人 : 막힘이나 걸림이 없는 대자유인)이라고 주장하는 것도 이때이기 때문이다.

그래서 누더기를 걸치고 거리를 활보하며 술집이나 공공 장소에 가서 호탕하게 자기의 모양을 나타내며 체면이나 부끄러움도 모르며 걸림 없이 멋대로 행동한다.

또한 이때는 말주변도 능란해지고 누가 무슨 말을 해도 거침없이 잘도 대처한다. 경책을 손에 들면 지금까지 이해 못했던 어구들이 술술 풀려 글 잘하는 사람들도 쩔쩔맬 정도이다. 잘못하면 스승도 없고 무서운 것도 없이 자기만이 천하 제일이라는 생각이 든다.

이러한 때에 어떻게 처신하여야 하는가?

역시 묵묵히 정진을 계속해 가는 방법밖에 별다른 도리가 없다. 수행을 좀 했다고 하는 사람이면 거의 이 상태에서 끝마치기가 쉽다. 이때는 자신을 책할 만한 스승도 별로 없고 자기가 알아서 노력을 해야 하는데, 오히려 어줍잖은 스승을 찾아가면 거꾸로 인가를 받아서 자만만 굳어지는 꼴이 되고 만다.

이 역시 별다른 방법이 없다. 그러나 계속 정진을 하다 보면 또다시 말문이 막힌다. 그리고 여태까지의 행동이 부끄러워진다.

그러다 보면 어느 날 와 닿는 게 있다. 사람마다

강도가 다르지만, 이때 참으로의 자기 모습을 보는 눈이 확 트인다.

지금까지 모르고 있던 자기의 모습이 보이고, 사람의 모습이 보이고, 세상의 모습이 보이고, 부처님의 모습이 보인다.

송곳으로 뚫어도 피 한 방울 안 나올 것처럼 적나라하게 파헤쳐 놓은 『금강경』의 본질이 보이고, 무궁무진하여 한량없이 벌어지는 『화엄경』의 우주 법계 실상이 보이고, 한량없는 변화 속에서 자기의 모습 그대로의 실상이 나타나는 『법화경』의 세계가 보인다.

여기서 잘못된 견해, 즉 마경魔境은 지금까지 말해 온 과정에서 참으로의 실상을 보지 못 하고 순간순간 나타나는 신비한 환상을 가지고 그것이 전부인 양 착각하게 되는 것을 말한다.

이러한 현상은 누구나 수행을 하다 보면 나타나게 마련인데, 그것이 참으로의 현상인가 거짓된 환상인가를 잘 구별해야 한다.

만일 그것이 참으로의 현상이라 할지라도 그것

을 뛰어넘어야 할지, 아니면 그곳에 그냥 머물러
만족해야 할지를 구별해서 지도하는 것이 참된 스
승이다.

수행법

불교에서는 "모든 물체는 평등하다"고 한다. 생명이 있는 것은 물론 생명이 없는 것까지 모두가 차별 없는 평등체라고 주장한다. 이러한 논리가 얼마 전까지만 하여도 모두가 허망한 말로밖에는 들리지 않았다.

옛날에 어느 임금이, 혹세무민하는 무리들을 잡아들이라고 명령을 하니까 불교의 승려들을 줄줄이 잡아들였다 하는 말이 있다.

세상의 본질, 인생의 본질을 이해 못하는 사람

들은 스님들이나 불교가 주장하는 논리가 모두 허망한 말로밖에는 안 들리는 것이다. 이를 현대 과학이 조금씩 파헤쳐 증명하기 시작한다.

어느 물체든지 생명이 있거나 없거나를 막론하고 그 근본 구성 요소는 모두가 소립자라고 하는 아주 조그만 한 입자에서부터 시작하여 원자의 핵을 구성하고 물체의 모양을 형성시키는 것이다. 이것이 현대 과학이 발견한 성과라고 한다면 지금으로부터 2천5백 년 전에 이미 논리적으로는 그 근본을 주장하며 모두가 평등체임을 확신하며 철저하게 가르쳤던 것이다. 그것이 몇몇 불교 수행자들에게만 계승해 내려오다가 현대 과학의 발달로 인정을 받게 된 것이다.

그러나 실질적으로는 이 인정을 받고 안 받고가 문제가 아니라, 참으로 절대적 본질은 무엇이냐 하는 것이다. 그와 같이 인간들의 규정에는 관계없이 형성되어 가는 원리, 그 본질이 있다.

인간과 동물을 구별하는 데는 무엇을 기준으로 해야 되는가 하면, 생각의 범위가 아닐까 하는 생각이 든다.

　일반적으로 인간과 동물의 구별은 암컷과 수컷에서 여자와 남자로 변했다는 것이다. 단순히 암컷과 수컷에서 사랑의 유희를 즐길 수 있는 동물로 변했고, 그로 인하여 고뇌하는 인간으로 변했고, 생각하는 갈대라는 낙인이 찍히면서 동물과 인간이 확실히 구별되기 시작했다는 것이다.

　또한 "자아란 무엇인가?"라는 명제로 자기의 존재성을 좇는 동물과 단순히 먹이만을 좇아서 생명의 최소한의 조건만 충족되면 만족하는 동물과 거기에 한 걸음 더 나아가서 먹을 게 나오는 것도 아니고 생명이 더 연장되는 것도 아닌데 "나란 무엇인가?" 하며 존재를 부르짖으며 괴로워하는 것도 동물과의 구별이다.

　여기서 또 한 가지 생각한다면, 인간이 다른 동물과 구별되기 시작한 것은 두발로 걷기 시작하면서부터 일 것이다. 그로 인해 성장 기간이 다른 동물보다 길어지고 주변의 환경 자극을 받아들이는 시간이 많아진다. 그 결과로 인식이 쌓이며 축적되는 의식과 생각하는 범위도 넓어지고 분별력도 생겨 다른 동물들과 월등하게 차이를 나타내기 시작했을 것이다. 그와 같이 과거의 경험을 축적하는 뇌의 용량이 많아짐과 동시에 미래를 생각하는 꿈도 생겨나고, 그 미래 지향성의 꿈이 자기 존재성의 가치를 설계하여 실천하려고 목적에 맞추어 활동함으로써 인간의 기능은 다른 동물들과 급속도로 차이를 나타내기 시작했으리라는 것이다.

지구상에서 인간들은 5만 년 전부터 이미 집단생활을 시작했다고 한다. 이러한 집단 속에는 지배자가 있게 마련이고, 그러다 보니 잘나고 못나고, 능력이 있고 없고가 구별되게 마련이다.

또한 지금까지 진화하는 과정에서 생물의 특성으로 나타나는 것은 현재의 모양보다는 좀더 나아지려는 진화 작용이 적용되어 왔다. 그 진화 종자를 받아들이는 암컷은 좀더 건강하고 나은 수컷을 찾게 마련이다. 그래서 더 능력 있고 건장한 남자를 좋아하는 것은 진화 작용에 의해서 자연적으로 나타나는 현상이다. 인간만이 아니고 동식물 전체

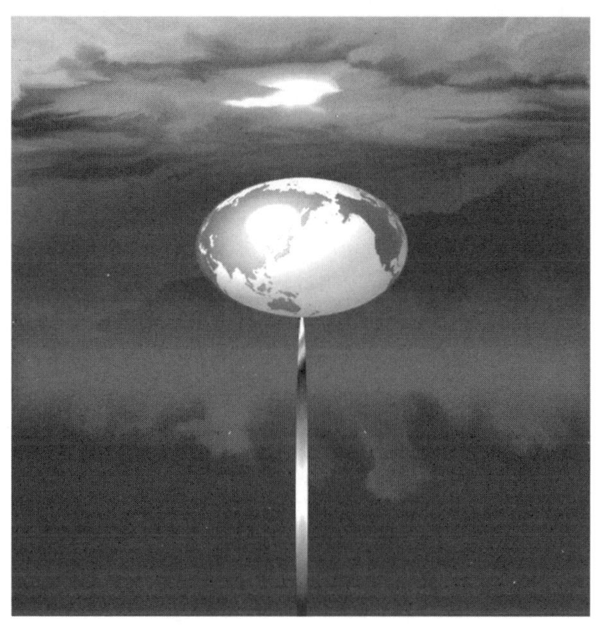

가 그렇다. 꽃 한 송이만 보더라도 더 예쁘게 피
우려고 자기들끼리의 무한한 노력과 투쟁이 있는
것이다. 이와 같이 인간이 갖는 욕망도 진화 과정
상의 한 부산물인 것이다.

타인과의 구별에서 자기의 존재성을 인식케 된
다. 이렇게 집단 생활을 이어 오다가 인간들에게
급속도로 변화를 주기 시작한 것은 지금으로부터
5천 년 전 철을 사용하면서부터라고 한다. 그때까

지만 해도 인간들도 다른 동물들과 같이 힘이 있거나 없거나를 막론하고 자기가 먹을 것은 나무 꼬챙이나 돌멩이 조각을 사용해서 하루하루 먹이를 구해 헤매면서 살아야 했고, 빈부의 차이도 없이 누구나 자기의 먹이는 빼앗아 먹든 찾아 먹든 자기 스스로 움직이지 않으면 입에 들어오지 않았던 것이 철의 사용법을 알고부터는 한꺼번에 많은 농작물을 경작하는 게 가능해지고, 힘과 능력에 따라서 부의 축적이 가능해졌던 것이다. 그와 동시에 빈부의 차이가 생기기 시작했던 것도 물론이다. 그로 인하여 능력이 있는 자는 지배 영역을 넓힐 수 있게 되었고, 일을 하지 않고도 살 수 있는 지배 계급이 나타나기 시작했던 것이다. 그렇게 되다 보니 통솔을 해야 되고, 통솔을 하다 보니 지식이 필요하게 되고, 그러다 보니 경쟁력도 강하게 되어 거기서 밀려난 사람들은 자기 환멸까지 느끼게 되었던 것이다.

어쨌든 우리들이 흔히 원시사회라고 부르는 2천 5백 년 전부터 5천 년 사이가 우리 인류사에 있어

서는 정신문화의 전성기였다고 볼 수 있다.

인간의 욕망은 끝이 없어 죽을 때 무엇 하나 가지고 가지 못하는 줄 뻔히 알면서도 서로들 빼앗고 차지해서 내 것으로 모으기에 급급하다. 그러다 보니 아무리 채워도 만족할 줄 모르고 정신적 갈등만 더욱 심해지고, 지식이 늘수록 정신세계는 더 복잡해지기만 하는 것이다. 거기서 우리들은 또 궁극적으로 "나란 무엇인가?"를 생각하며 병들어 가고 있는 것이다.

선의 변천

선은 불교만이 갖는 독특한 수행 방법은 아니다. 5천 년 역사를 가진 인도의 요가사들이 주로 하던 명상법이 발전하여 선이 되었기 때문이다.

석가모니가 깨쳐서 불타가 되기 전까지는 육체와 마음으로부터 일어나는 욕망을 고행으로 다스리며 조용히 자기의 생로병사의 본질을 사색하며 명상에 들어간 것도 이 선의 일종인 명상법이었던 것이다. 그러므로 부처님 당시에는 낳고 늙고 병들어서 죽어야 하는 것이 하나의 인생의 숙제였던 것이다. 그때는 고요히 앉아서 이를 명상하는 것이 전문 수행의 방법이었던 것이다. 그 후 중국으로 넘어와 인도의 선나禪那를 선禪이라 음역하면서 명상적 수행 중심에서 불교 전체의 계·정·혜 삼학에 육바라밀까지 통합하여 그의 목적인 깨침의 수행 방법으로써 선이 채택되기에 이른 것이다. 따라서 불교와 선은 둘로 나누어지는 게 아니다.

방대한 불교의 교리나 신앙 속에 선이란 독특한 수행 방법이 있고, 이 방법이라는 것은 깨침을 목적으로 하기 때문에 불교가 깨침을 목적으로 하는 종교인 이상 염불을 하든 경을 읽든 깨침에 이르는 목적에는 선의 방법을 벗어날 수가 없다. 왜냐하면 선은 꼭 앉아서 관을 한다든가 화두만 드는 것을 의미하는 것이 아니기 때문이다. 염불을 하건 간경을 하건 깨침에 이르도록 일념 상태에 끌고 가는 작용의 방법이기 때문이다.

초기의 중국 불교에서는 처음부터 선이 대두되었던 것은 아니다. 불교 경전의 교리 연구나 신심인 공덕 쌓기 등의 기복 신앙이 중심이었기 때문

이다. 그것이 전문적인 선 수행인 실천 불교가 된 것은 달마가 인도로부터 건너오고 나서부터 이다.

참다운 진리란 어떠한 지식을 가지고 책이나 말로써 전달되는 것이 아니라 마음과 마음으로써 전달되는 것이다. 이를 테면 멀리서 공을 던진 사람이 있고, 그 공이 담 밖으로 넘어가는 것을 본 사람이 있다. 공을 던진 사람이 좇아와 수풀 속에서 공을 찾는다. 그때 공이 담 너머로 넘어가는 것을 본 사람이 손가락으로 담 너머를 가리킨다. 그러면 공을 잃어버린 사람은 벌써 알아차리고 담 너머로 공을 찾아 달려간다.

이와 같이 서로 공부한 경계에 도달한 사람은 손짓 하나에도 서로 통하고 알게 되는 세계가 있다. 선 수행이란 몸과 마음이 업으로 길들여져 욕망으로 덮여진 의식에서 벗어나 적육단(赤肉團 : 어떤 지위나 신분을 떠난 인간 그 자체로 아무것도 걸친 것 없는 붉은 살덩이, 즉 인식의 업을 걸치지 않은 붉은 살덩이)이 되어 서로 바라볼 때 말없이 통하는 말, 이심전심이 있을 따름이다.

이러한 선의 방법이 석가모니 때만 하여도 몸과 마음에서 분출하는 욕망을 고행으로 억제하면서 명상으로 들어갔던 것을 석가모니 이후부터는 고요히 앉아 생각에 일어나는 번뇌를 생각으로 끊으며 명상에 주력했고, 중국으로 넘어오면서부터 선이라 번역했고, 고요히 앉아 해인 삼매에 들어 자연의 본질을 체득하는 묵조선 형태가 형성되어 인도 명상법과 큰 차이 없이 이어지다가 묵조선으로는 약하다고 보고 보완하여 나온 것이 간화선이다.

간화선이라고 하는 것은 몸과 마음으로부터 분출하는 욕망을 그보다 더 강한 생각을 가짐으로 해서 욕망을 억제하는 의심 덩어리를 키우는 작업이다. 이러한 방법은 큰 의미가 있는 게 아니라 일심을 갖기 위한 수단이고 방법에 지나지 않는 것이다. 우주 자연과 합일이 되고, 그 합일에서만 끝나지 않는 게 선이다. 거기서 다시 반야의 지혜가 솟아나야 한다. 이 반야의 지혜는 그곳에 도달하면 자연적으로 나오게 되어 있는데, 이는 특별한 게 아니라 우주 자연의 입장에서 사물을 보는 것이다. 그렇게 되면 나라는 집착심이 없는 분상에서 나와 세상을 보는 현상이 일어나는 것이다. 그야말로 우주를 뒤엎는 지혜가 된다. 이 간화선 속에도 두 가지 형태가 있다.

하나는 1700공안을 하나씩 하나씩 시험 문제 풀어가듯 단계를 올라가며 닦는 방법이다.

또 하나는 1700공안을 하나의 화두에 실어서

전체를 하나로 밀고 나가는 것이다.

이 두 가지 방법 중에서 선택한다면 다 일장일단이 있다. 화두를 하나씩 타파해 나가는 것은 초심자들이나 선에 관심이 있는 이들에게는 나태심이 없어지며 계속 수행하고 싶은 호기심을 더해 간다는 점에서 권할 만하다.

현대와 같이 전문 선 수행자보다 일반인이 많이 참여하는 추세에서는 이러한 방법이 많이 활성화되었다.

그러나 이것은 어디까지나 인식 속의 깨침이다. 인식을 벗어난 적나라한 육체 위에서 차별 없는 참 사람에 이르기 위한 작업에 지나지 않는다. 그에 반해 전문적 선 수행자의 입장에서는 단계가 낮다고 보는 게 일반적이다.

1700공안을 하나로 뭉쳐서 생과 사를 걸어놓고 밀고 나갈 때 용의 꼬리라도 될 수 있기 때문이다. 이는 완전한 깨침으로써 차별 없는 참 사람을 구사하기 때문이다. 어쨌든 지금에 와서는 이 간화선이 전문 선을 하는 데 있어서 조금 발전된 선

의 수행 방법이라고 할 수 있다.

그러나 절대라는 것은 없다. 석가모니가 깨친 것이 간화선은 아니었다. 자기의 힘에 맞추어서 명상이건 염불이건 묵조선이건 간화선이건 찾아서 행하는 것이 최선의 선 수행 방법이다. 이와 같은 선 수행의 목적은 제법의 본질을 체득해 바른 지혜를 얻고자 하는 것이다.

선과 21세기

불교는 처음부터 국가나 민족을 주체로 파생된 종교가 아니다. 인간의 본질, 그 생로병사의 고통으로부터 해방되기 위해서 형성된 종교라는 것을 생각하지 않으면 안 된다. 그렇기 때문에 불교는 민족·지역·계급을 차별한 적이 없다. 남녀 노소, 귀천을 막론하고 자기에게 덮쳐 오는 생로병사의 고통으로부터 해방되려면 "오라! 수행하고 알라. 그리고 깨쳐라!" 하고 외쳤던 것이다. 그러려면 "부질없는 욕망을 버리고 바른 업을 길들여라"고

했다. 이것은 옛날이나 지금이나 똑같다.

업이라는 것은, 인간들이 길들이며 의식화시킨 욕망의 덩어리를 말한다. 욕망이라는 것은 좋은 의미에서 생동의 에너지가 된다. 여기서 꺼리는 것은 나라는 집착심이다. 본래 나의 것이 영원히 존재한다면 문제시할 필요가 없다. 없는 것인데 있는 것으로 착각하기 때문에 괴로운 형상이 일어나는 것이다. 이 괴로운 형상을 어떻게 제거시킬 것인가? 무조건 신에게 맡길 것인가! 그래서 업을 길들이고, 그 업에 순응하면서 살다 갈 것인가? 아니면 그 업의 본질을 파헤쳐 깨칠 것인가 하는 문제들이 상정된다. 여기서 대두되는 것이 선禪이라고 하는 수행 방법이다. 종교적 측면에서 신이 갖는 역할은 업을 길들여 인간들이 이상으로 하는 욕망에 순응하는 이상향이었다. 그런데 인간들의 욕망은 환상적 파라다이스만을 가지고는 만족하지 못했던 것이다. 그래서 "나란 무엇이냐?" 하는 명제를 걸어놓고 고심하게 되었다. 여기서 나아가 그게 나에게 불필요하게 껴입은 업이라고 하는 옷들을 벗겨

내는 작업을 시작했던 것이다. 그게 바로 선이다.

업에 대해 살펴보자.

첫째, 정업正業은 순수한 본래 모습으로 돌아가는 것이다.

정업은 부처님의 가르침을 바탕으로 바르게 업을 길들이는 것을 말한다. 그래서 정업을 정정업正定業이라고도 하는 것이며, 한 마디로 바르게 선정된 업을 말한다. 업이 인식이나 의식 작용과 같은 말이라고 할진대, 그 의식을 제거하기 위해서 노력하는 것이 아니라 우주 자연 법계에 순업順業하기 위해서 노력하는 것이다. 기도라든가 선이 이것의 작용을 가리킨다.

둘째, 위업僞業은 불필요한 업, 고통만 안겨 주는 업을 말한다.

위업은 필요 없는 거짓된 업을 말하는데, 위업이라는 말은 경전에는 없다. 바른 업이 있을친대 바르지 못하여 거짓된 업이 있을 게 아닌가 해서 붙여 본 이름이다. "우리들이 욕망을 추구하며 길들이는 업은 잘못된 업이다" 하고 규정 지어 보는 것이다. 우리들의 괴로움은 모두 다 이 필요 없이 길들여온 욕망의 허상 때문에 오는 고통이다. 이는 정신적 오염을 가리키는 말이다.

셋째, 순업順業은 순수 자연 실체와 합일된 평등한 업을 말한다.

순업도 경전에는 없는 말인데, 자연의 순리에 순응되는 업을 표현하기 위해서 붙여 본 이류이다.

정업에 의해서 실천을 하다 보면 위업도 모두가 자연에 순응되어 합일되는 것을 알 수 있다.

여기에 세 가지 업을 이야기했지만, 벌써 순업이라는 과정에 이르렀을 때에는 업이라는 말을 사용하지 않는다. 업을 벗어난 깨침의 세계를 가리키기 때문이다. 여기서 선이 갖는 의의가 성립된다.

수행이라는 과정을 말할 것 같으면, 업을 바르게 하는 과정이라고 볼 수 있다. 그러나 불교의 선은 이 업을 바르게 하는 것만 가지고는 아니 된다. 그 업의 본질을 알아야 한다. 또한 그 아는 것만 가지고도 아니 된다. 그 업의 본질과 내가 일치가 된 체험 현상이 일어나야 한다. 그것을 깨침이라 부르는 것인데, 그 업은 아트만으로서의 내 개인의 욕망이 아니라 브라흐만으로서 우주의 업에 순응하는 자기 모습이 있다.

지금 현재, 우리들에게 시시각각 불안하게 덮쳐 오는 사회 현상에 어떻게 적응해 나갈 것인가!

이 부분에 있어서 불필요하게 팽창시킨 인간들의 욕망을 여과시킬 필요가 있다. 그에는 선이라는 방법 이외는 별다른 방법이 현재로서는 없다.

선이 갖는 실질적인 가치는 깨침이니 극락이니 신심탈락이니 법희선열이니 하는 말과 같은 초월적 세계만을 의미하는 것은 아니다.

욕망이 우리들의 심장 역할을 한다고 할 것 같

으면, 그를 여과시키는 작용으로 신장의 콩팥 역할을 하는 것은 현재로서는 선이 대안이 되지 않을까.

선이란 평범한 우리 생활 속에서 욕망으로 치달으며 오염되어 가는 정신 세계를 정화, 여과시켜 주는 절대적 수단으로서 우리들이 21세기에 가지고 가야 할 인류 유산 중의 하나인 것이다.

선과 *21세기*

처음 박은날 : 2001년 2월 10일
처음 펴낸날 : 2001년 2월 20일
지은이 · 석원연
펴낸이 · 김영식
펴낸곳 · 도서출판 들꽃누리
서울시 종로구 숭인동 72-70 연남빌딩 4층
전화 (02)3672-1387
팩스 (02)762-1387
E-mail : draba21@dreamwiz.com
등록 · 1999년 6월 5일(제1-2508호)
ⓒ 석원연, 2001

ISBN 89-950593-4-6